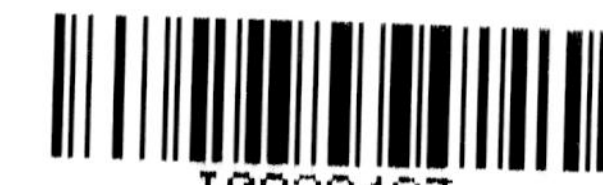

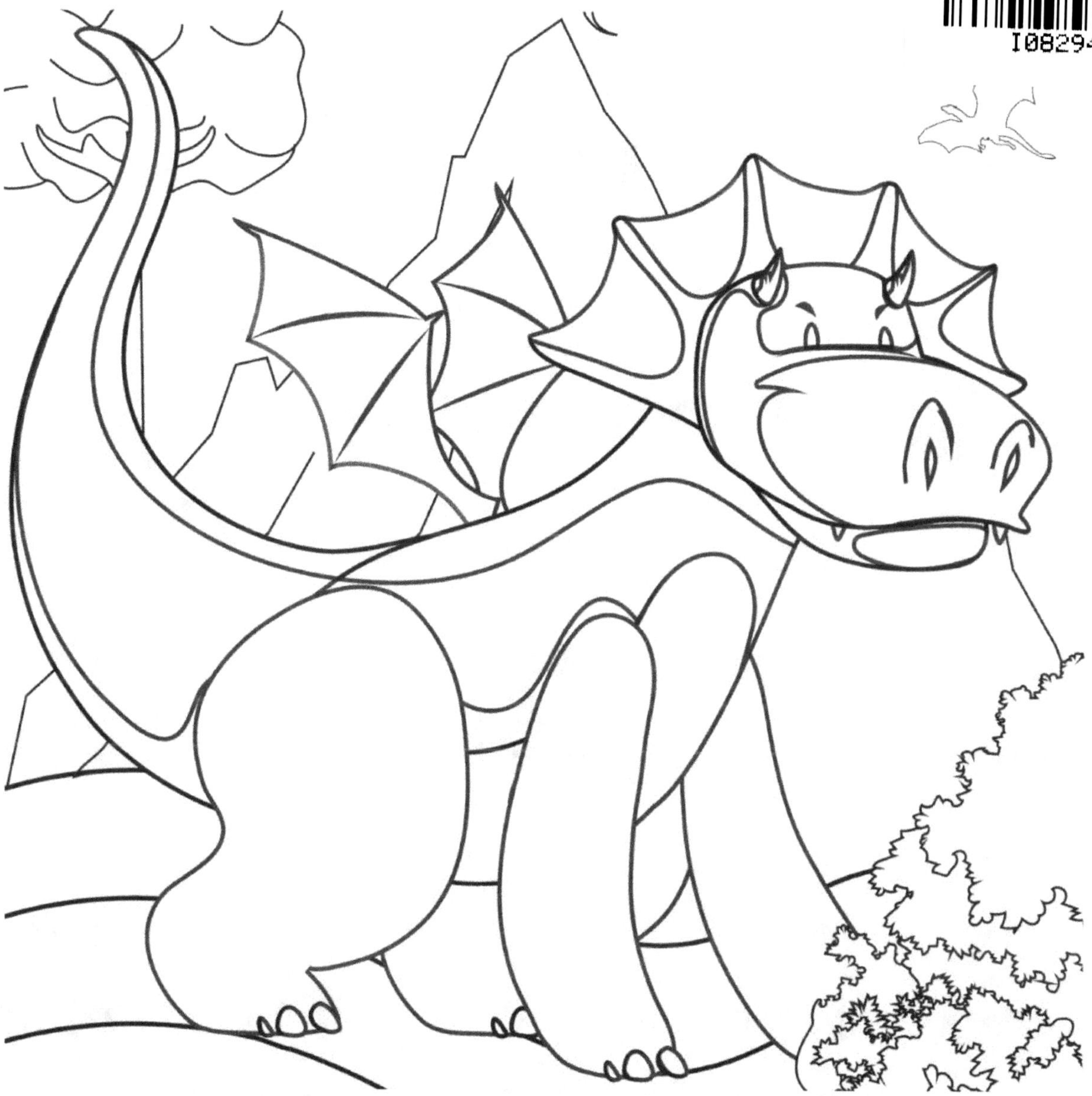

Dieses Buch gehört

....

....

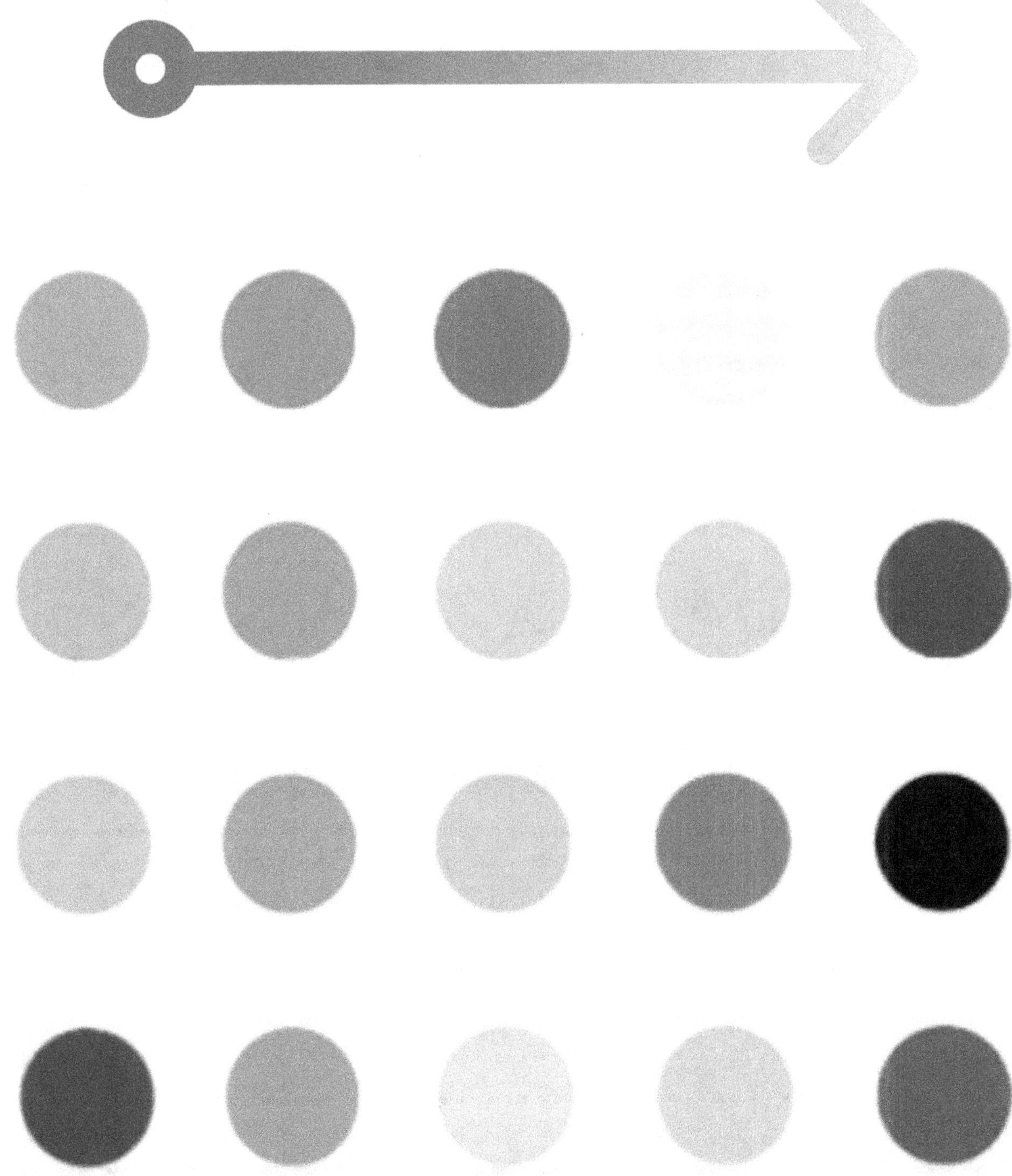

VORSCHAUSEITEN

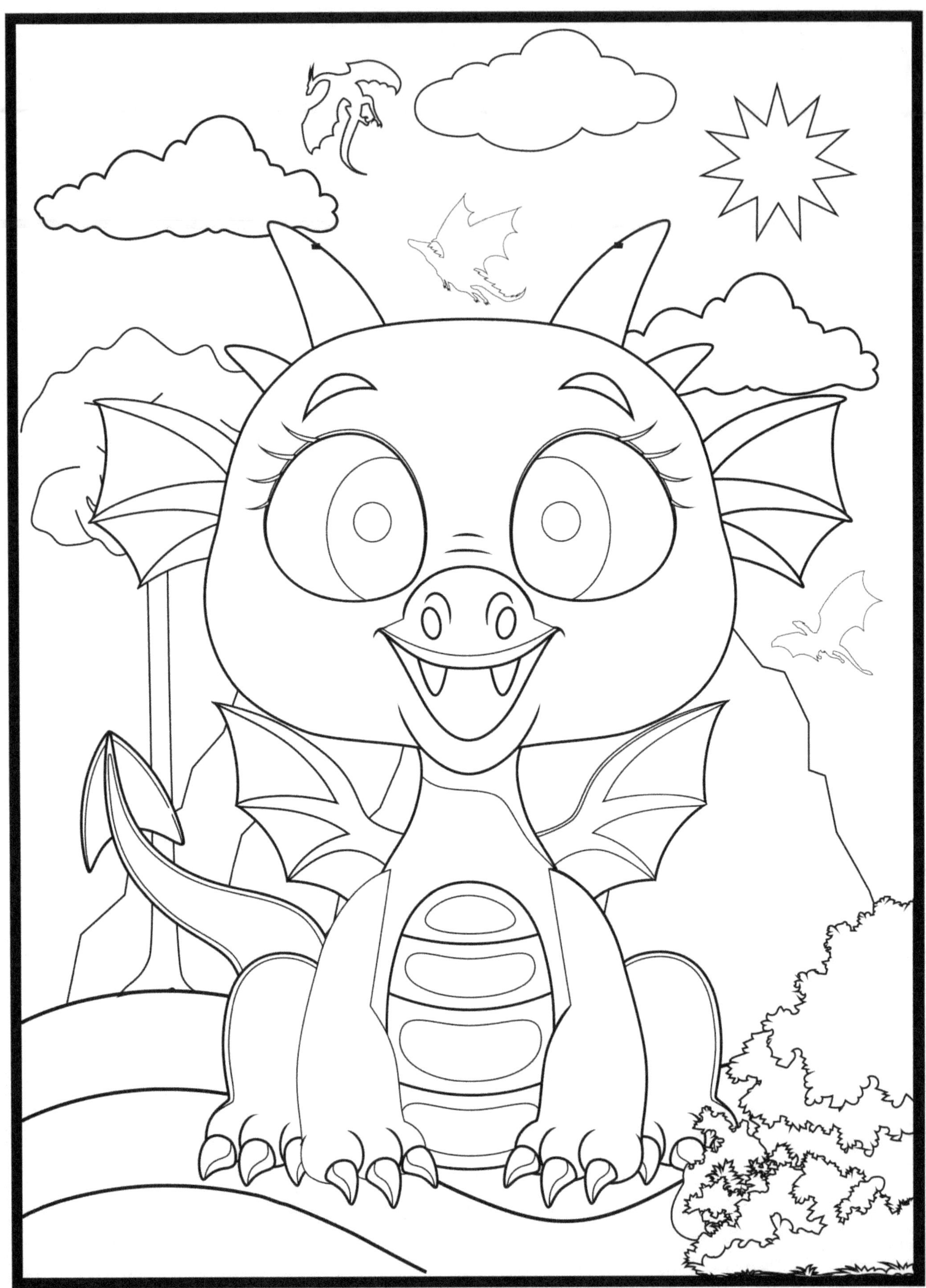

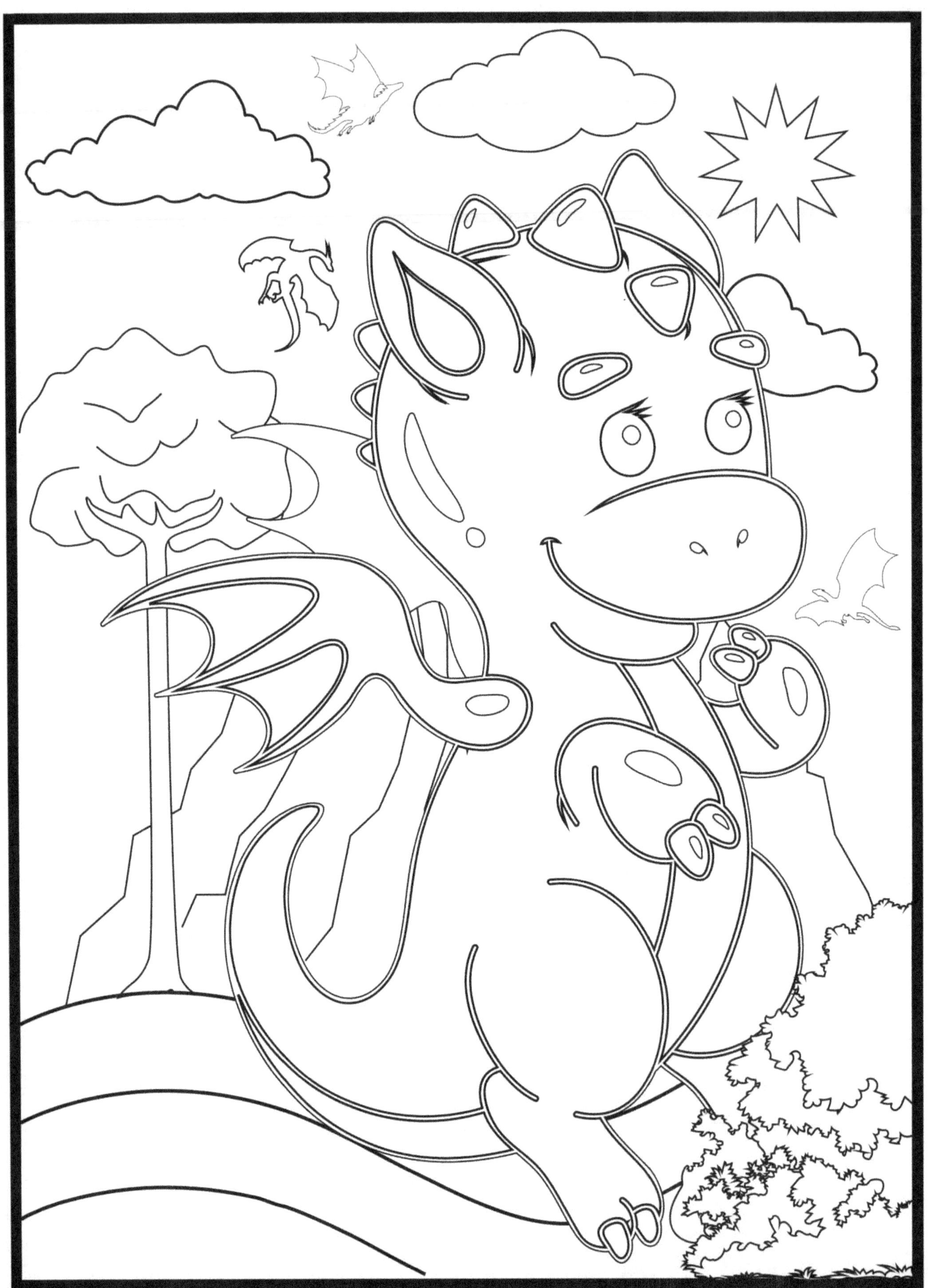

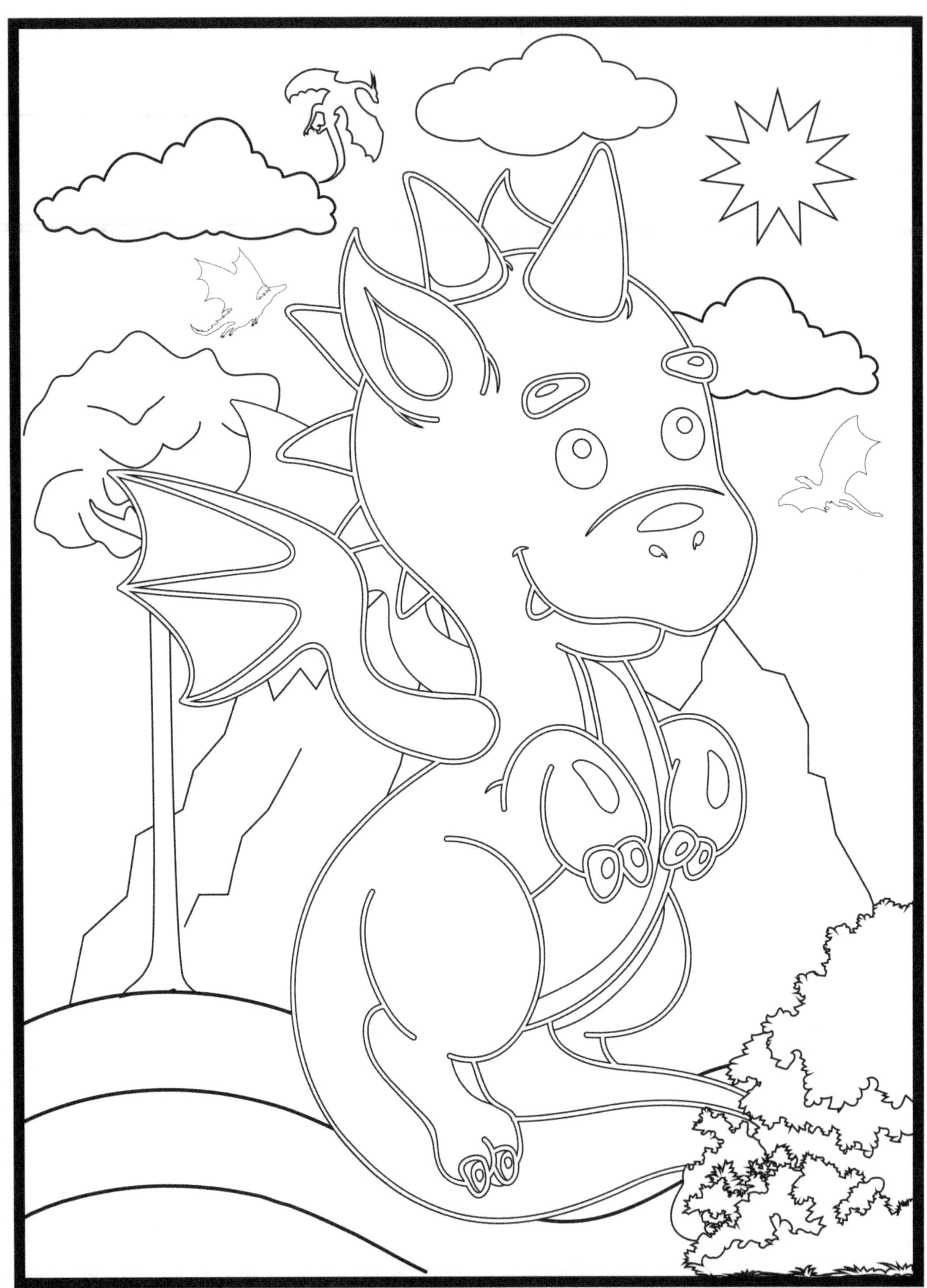

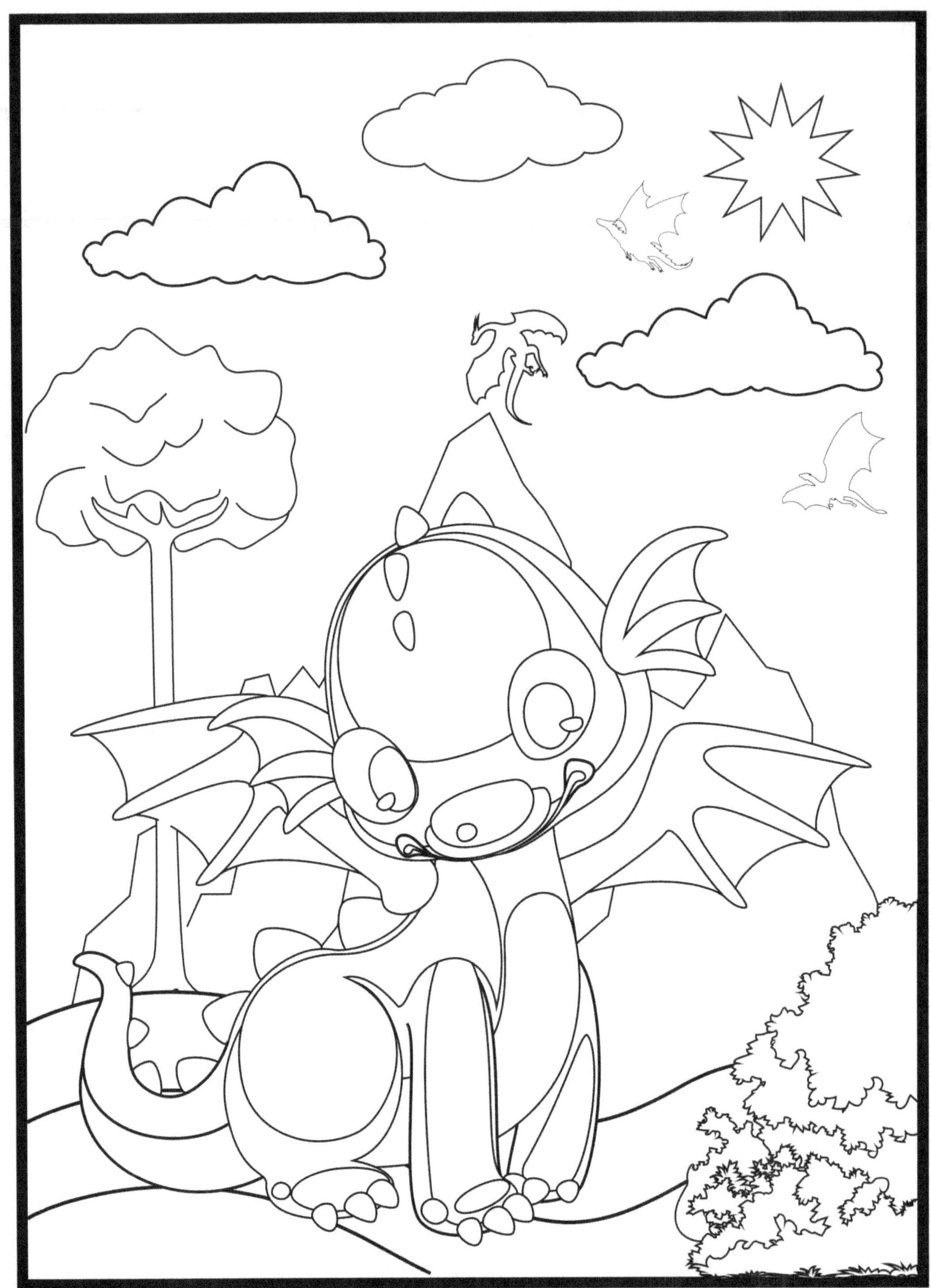

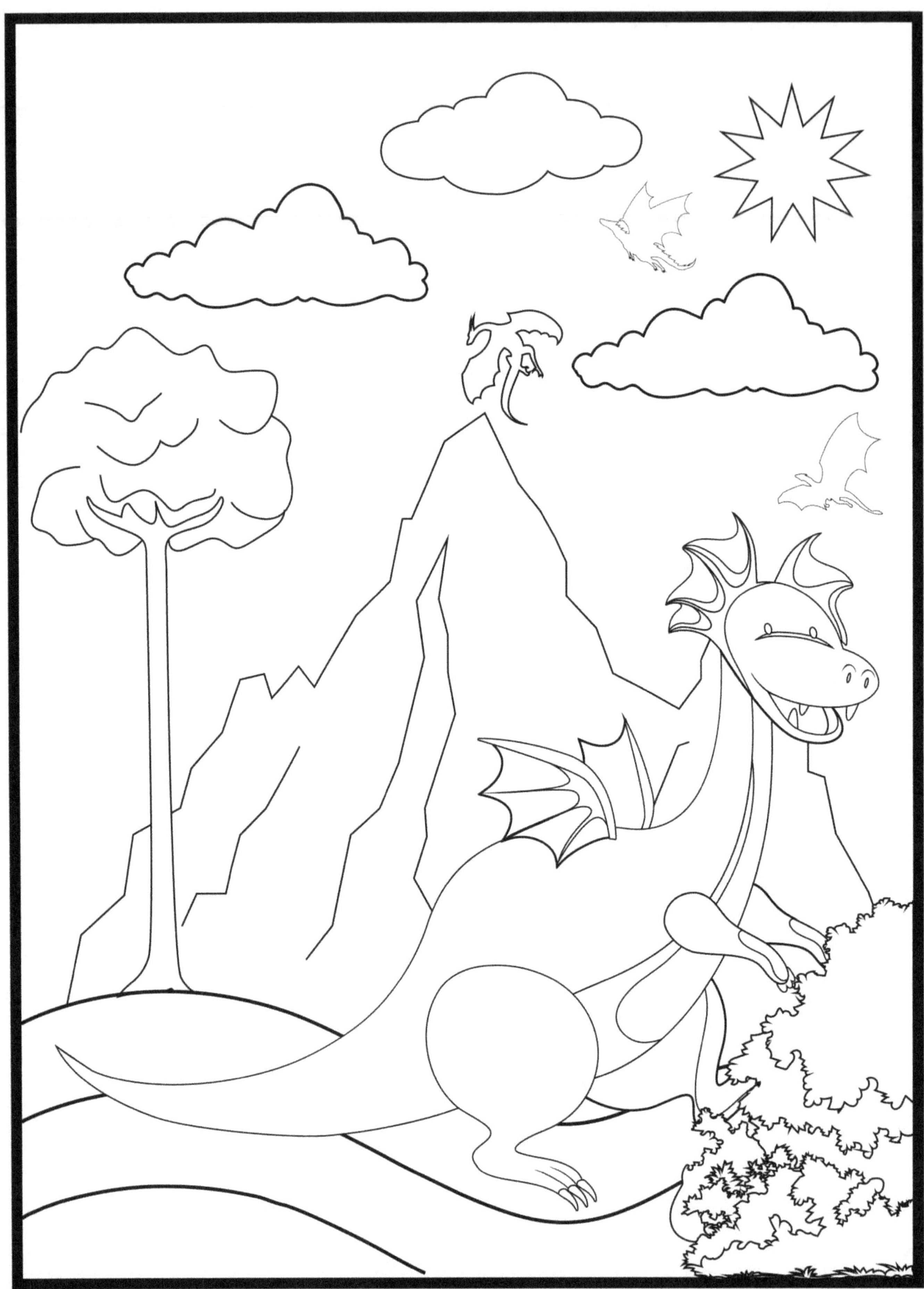

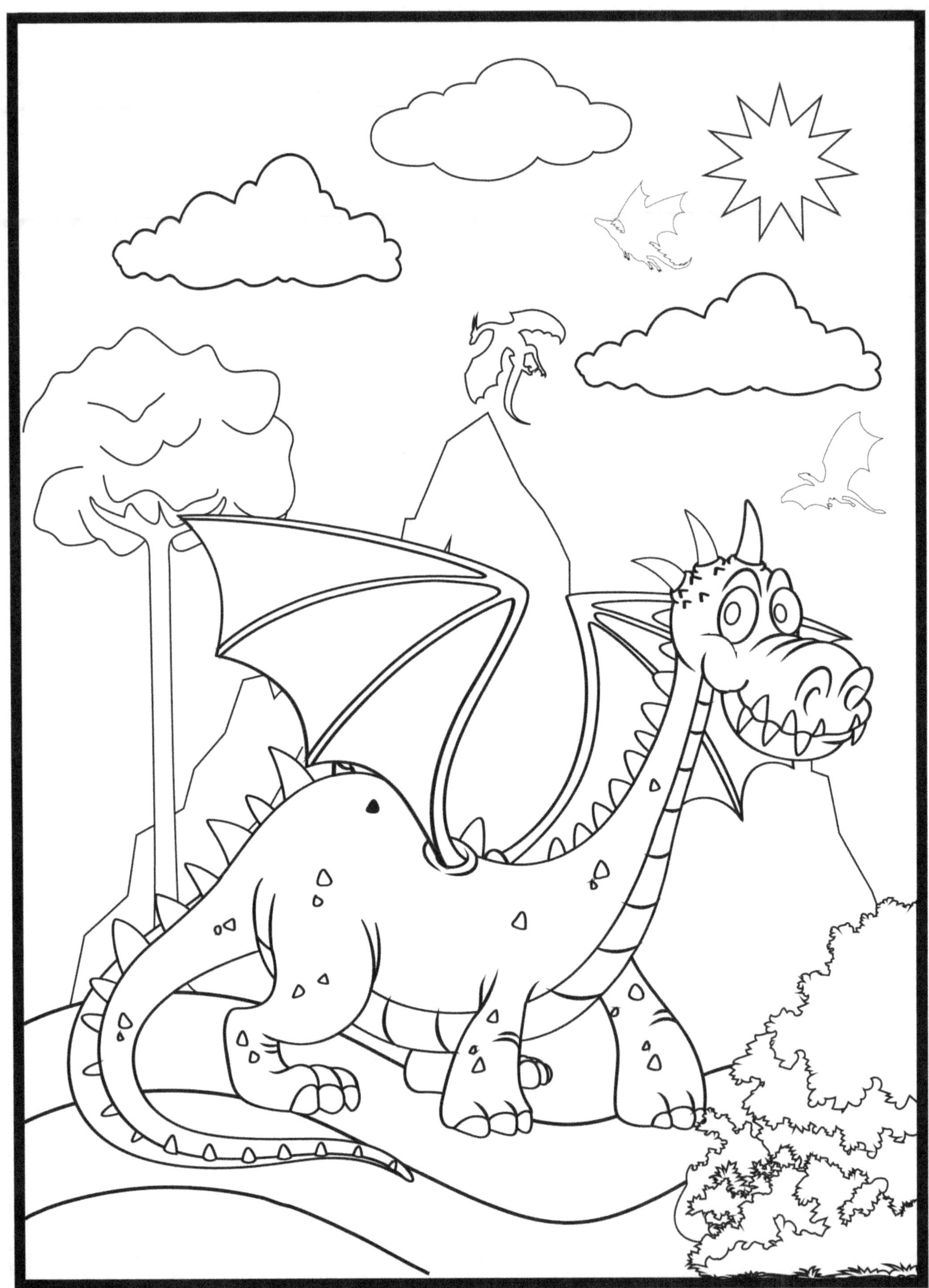

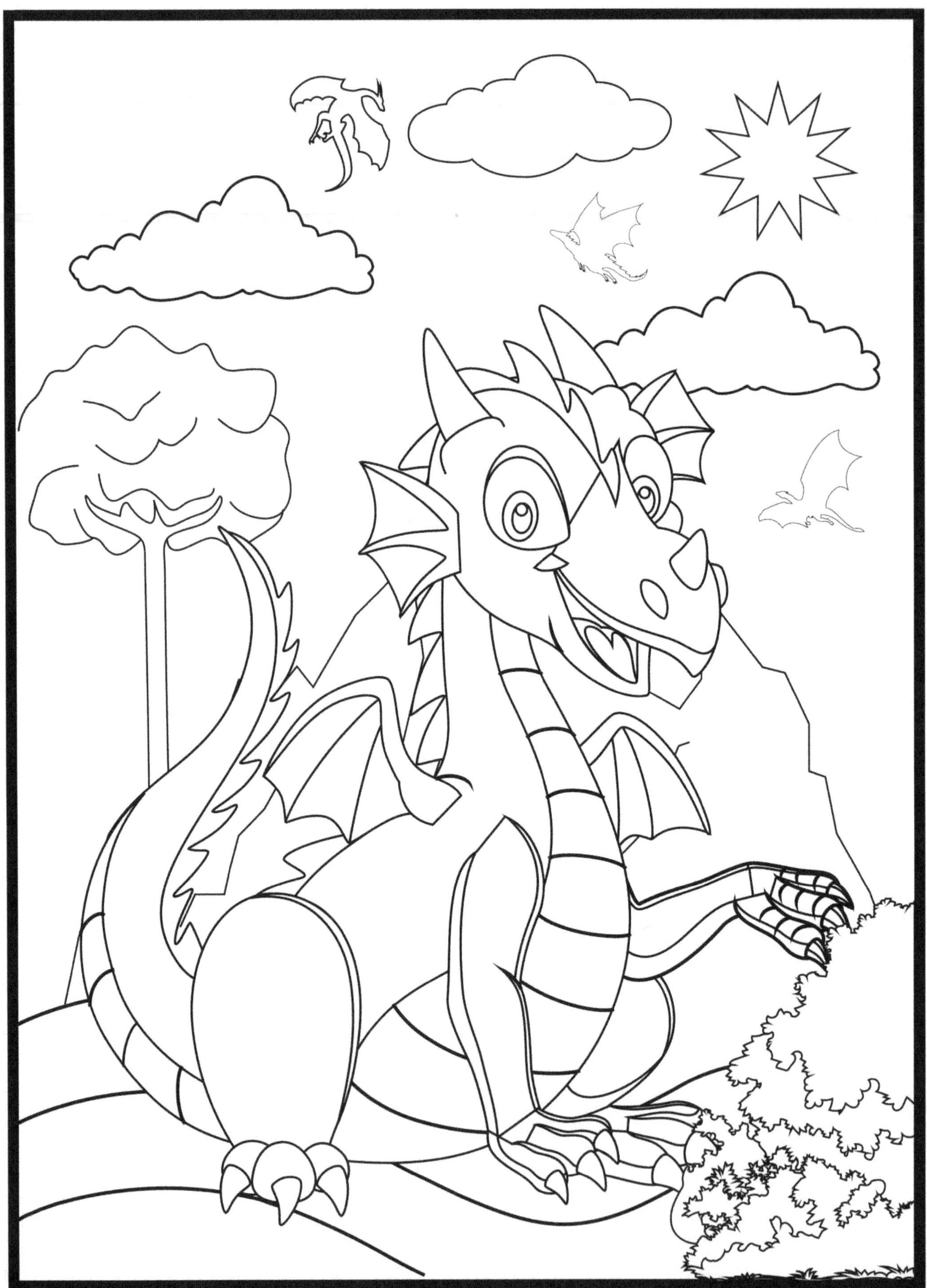

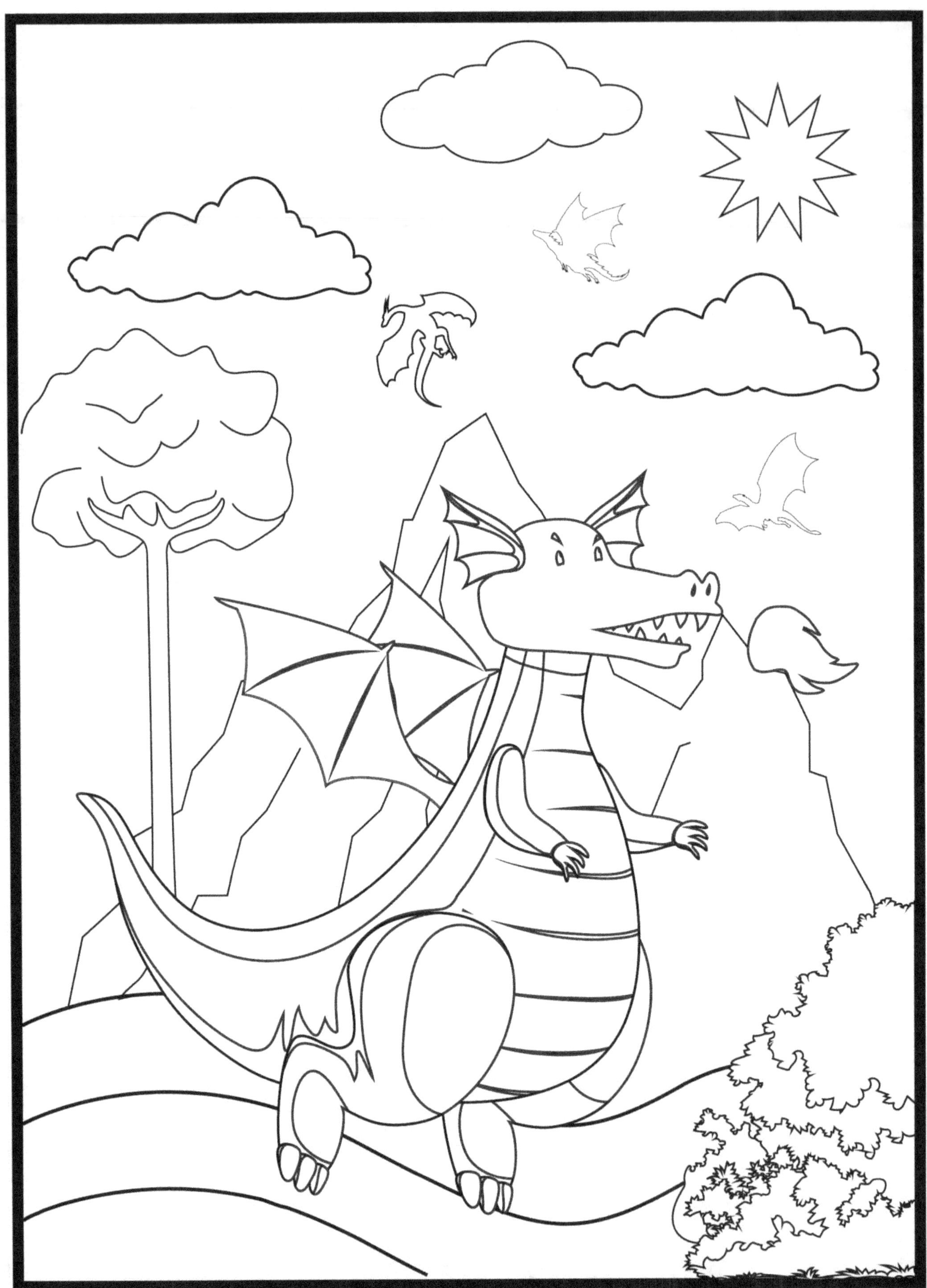

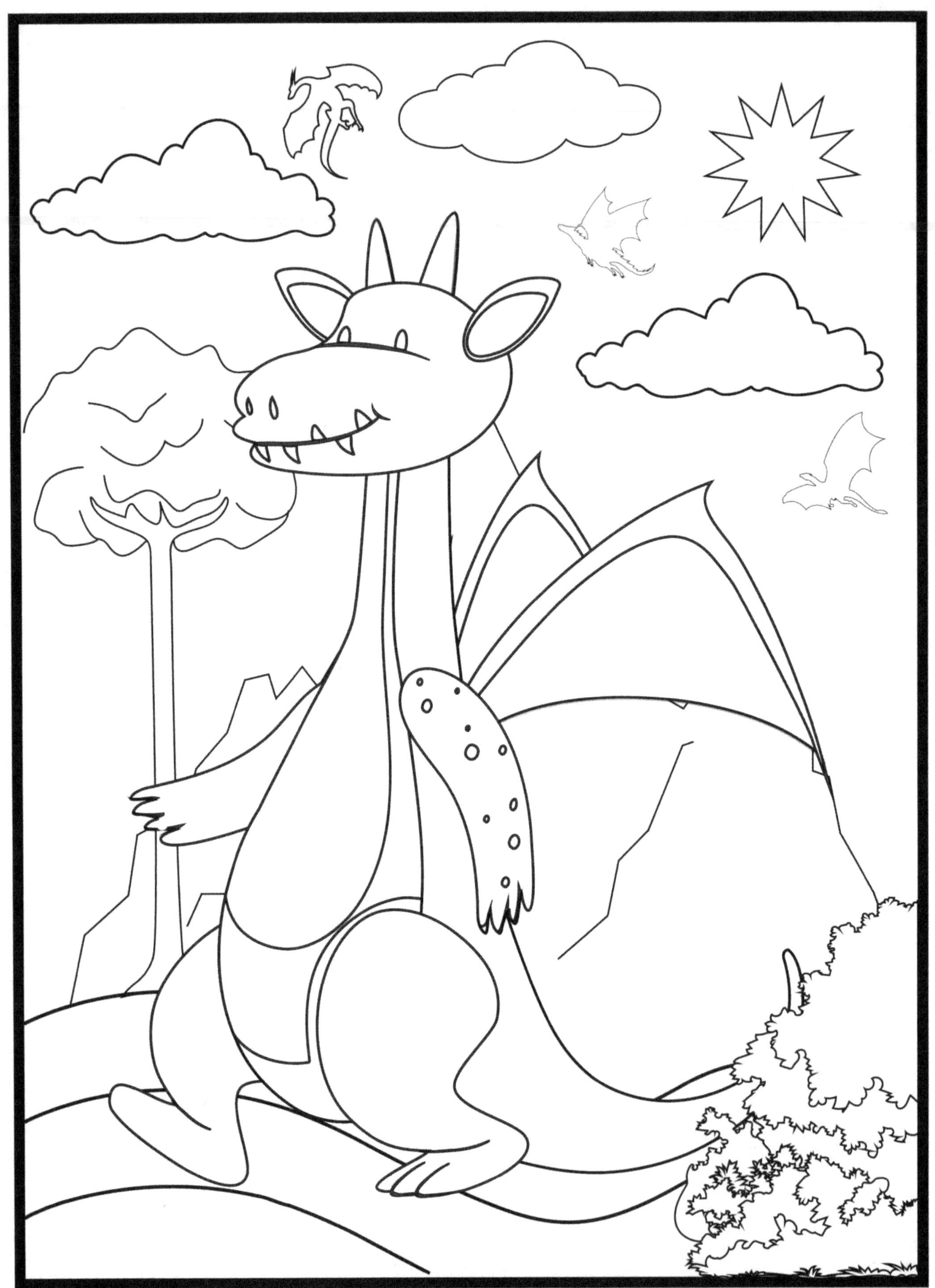

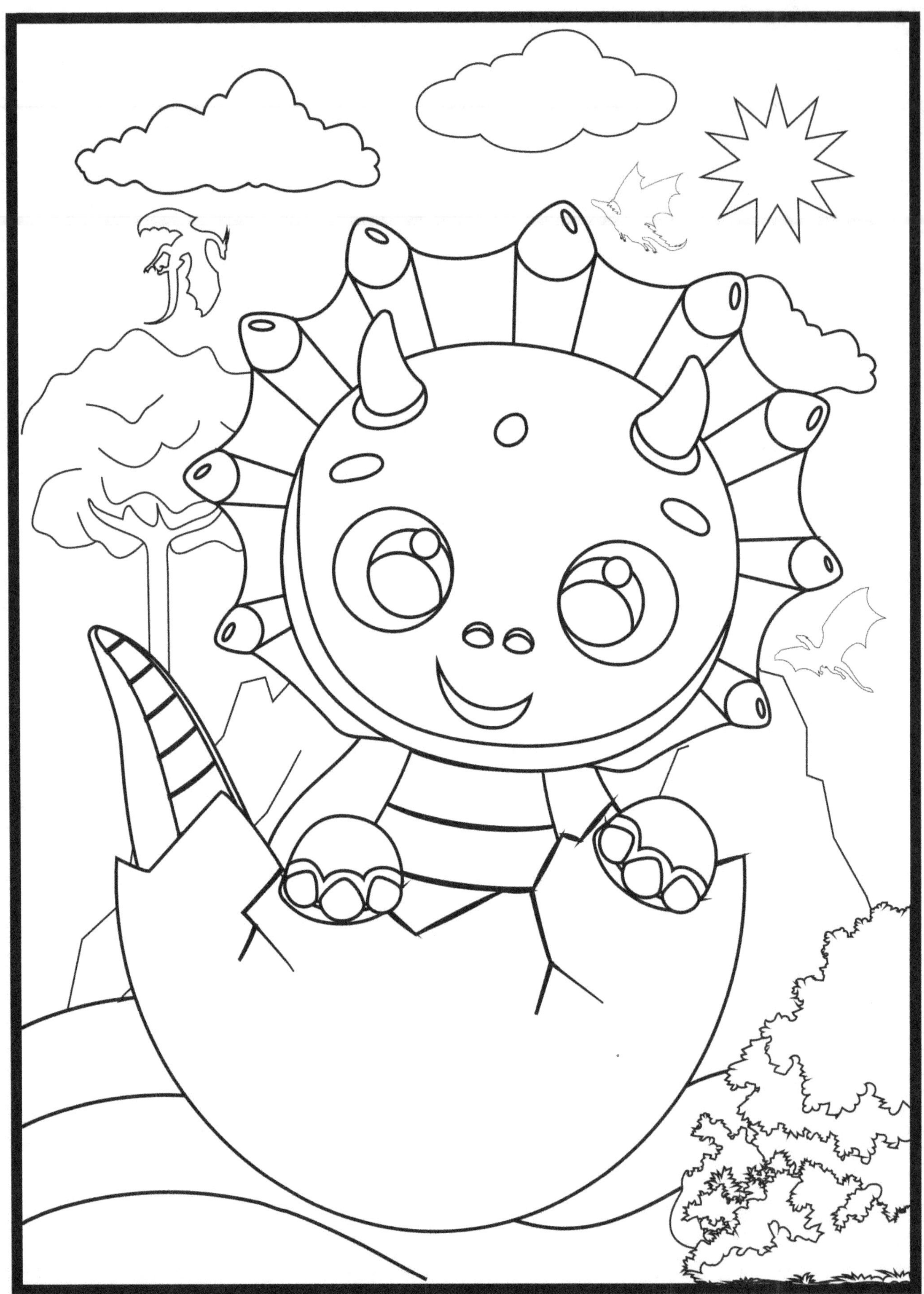

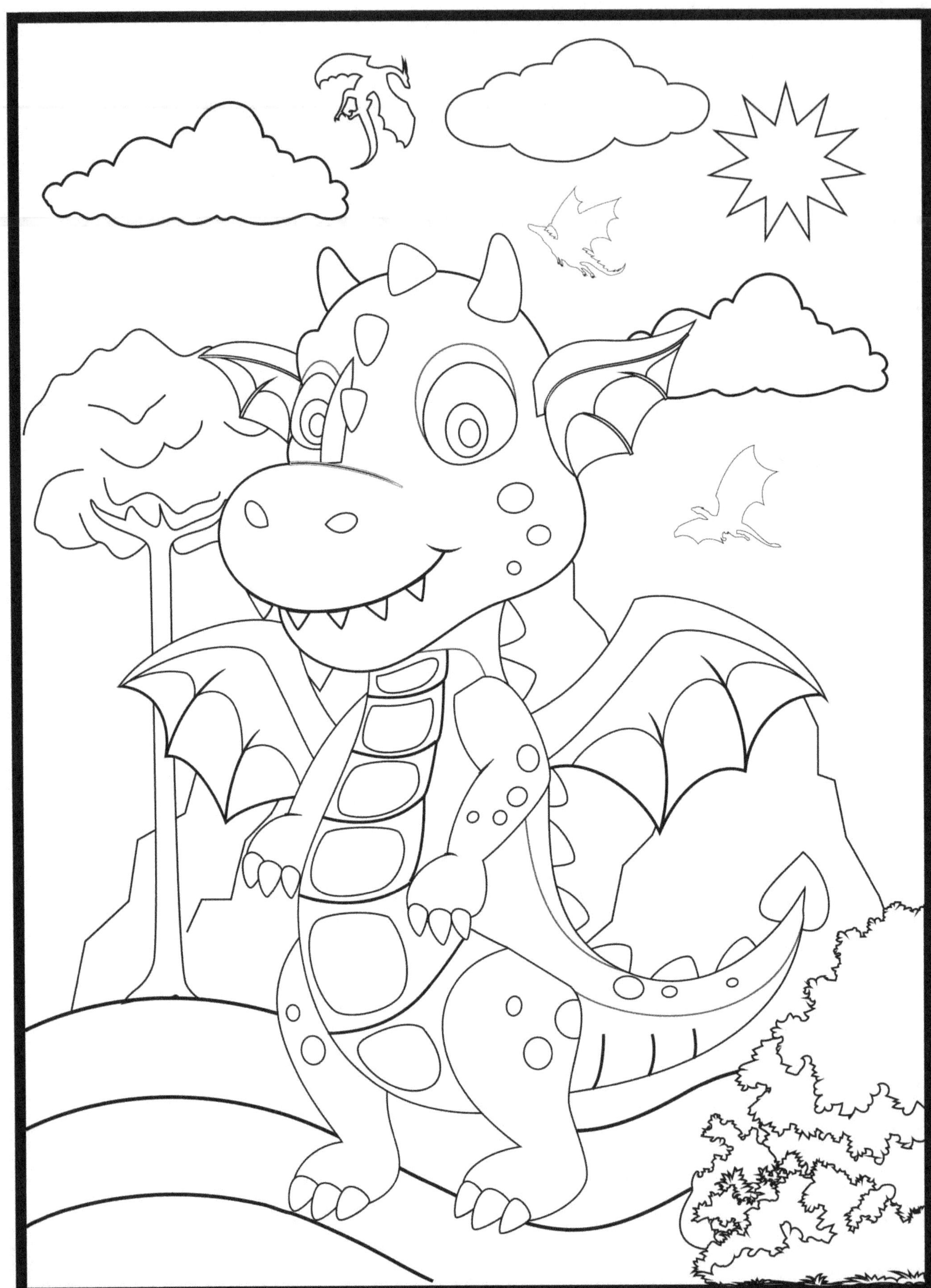

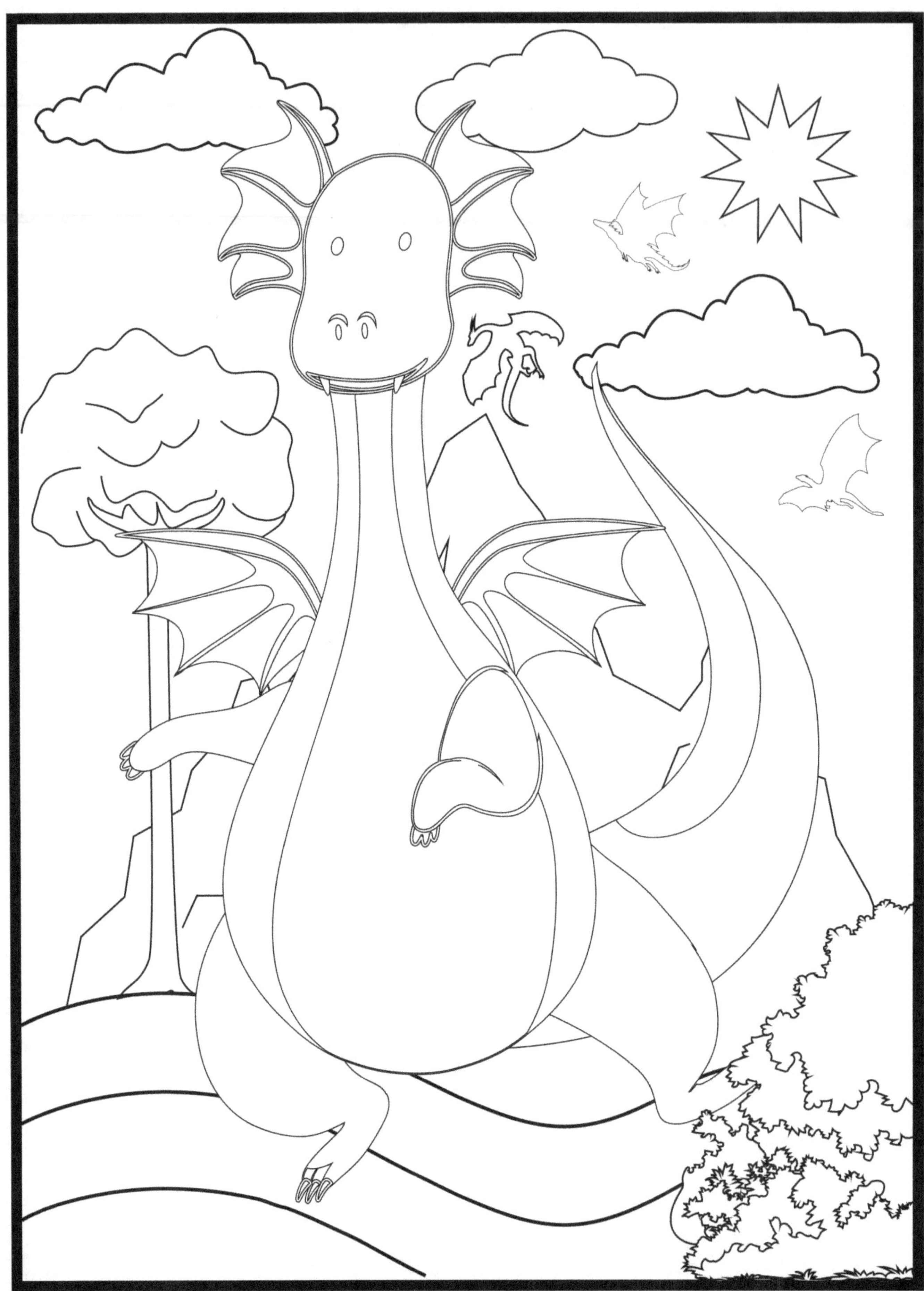

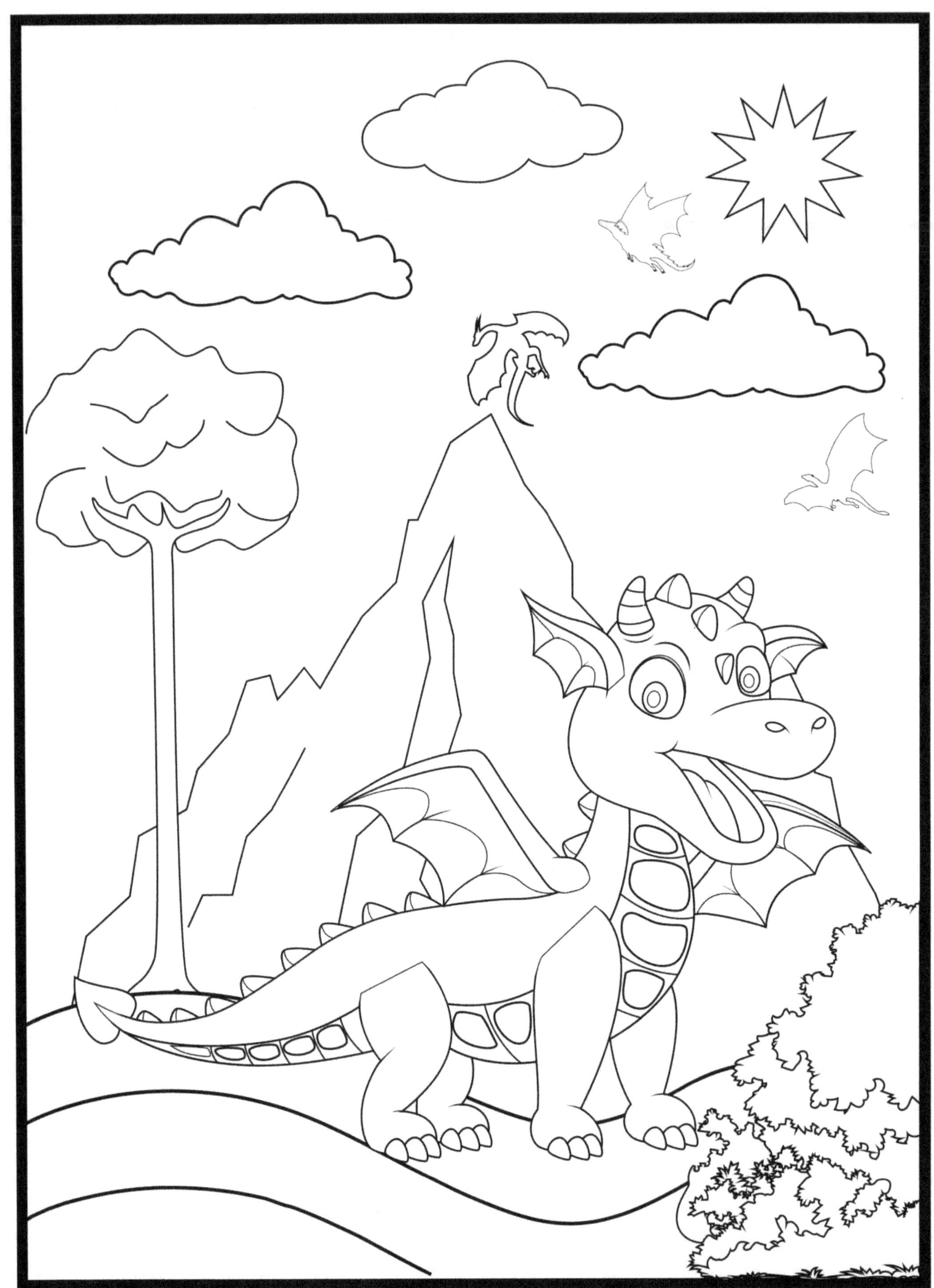

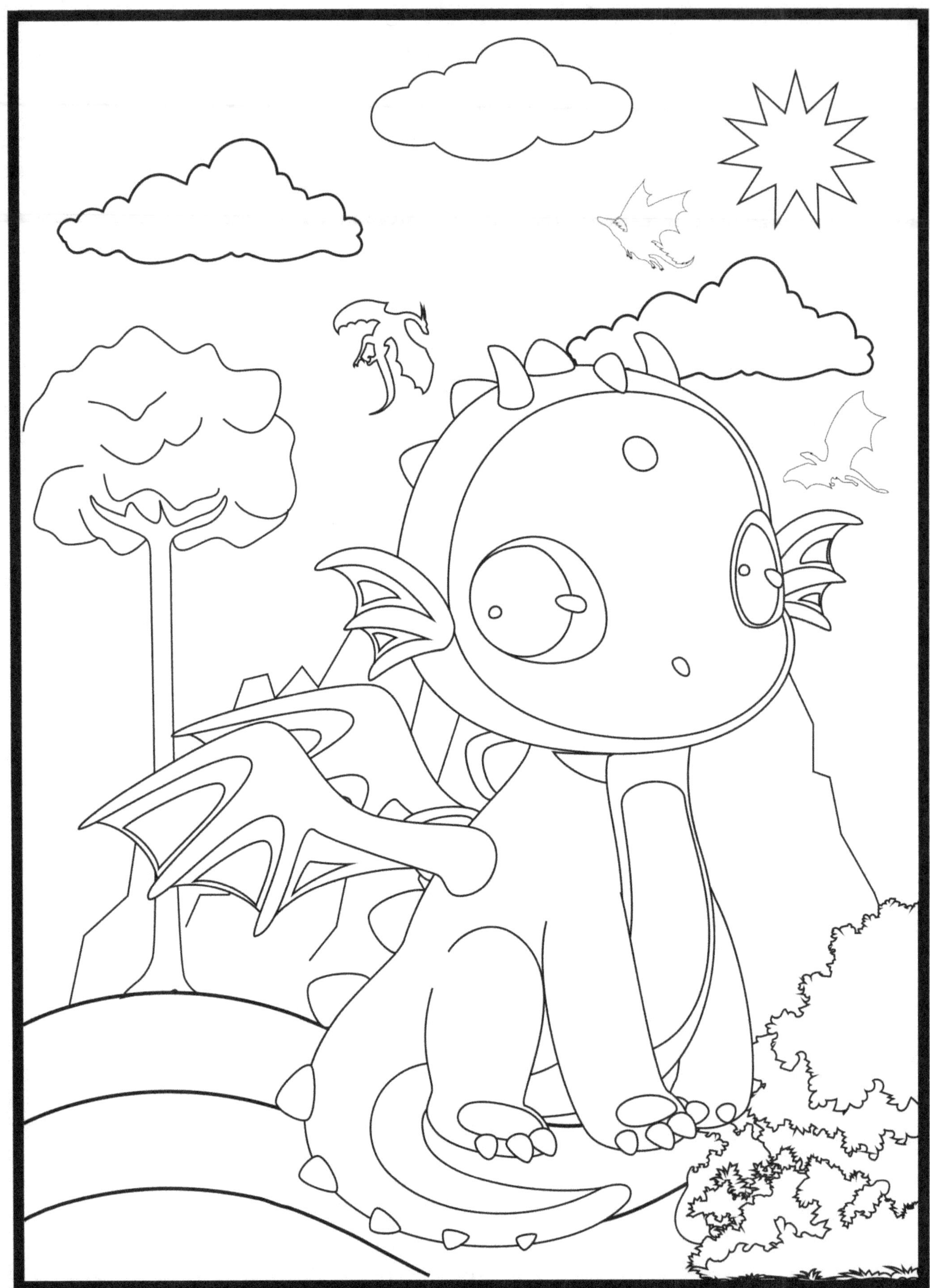

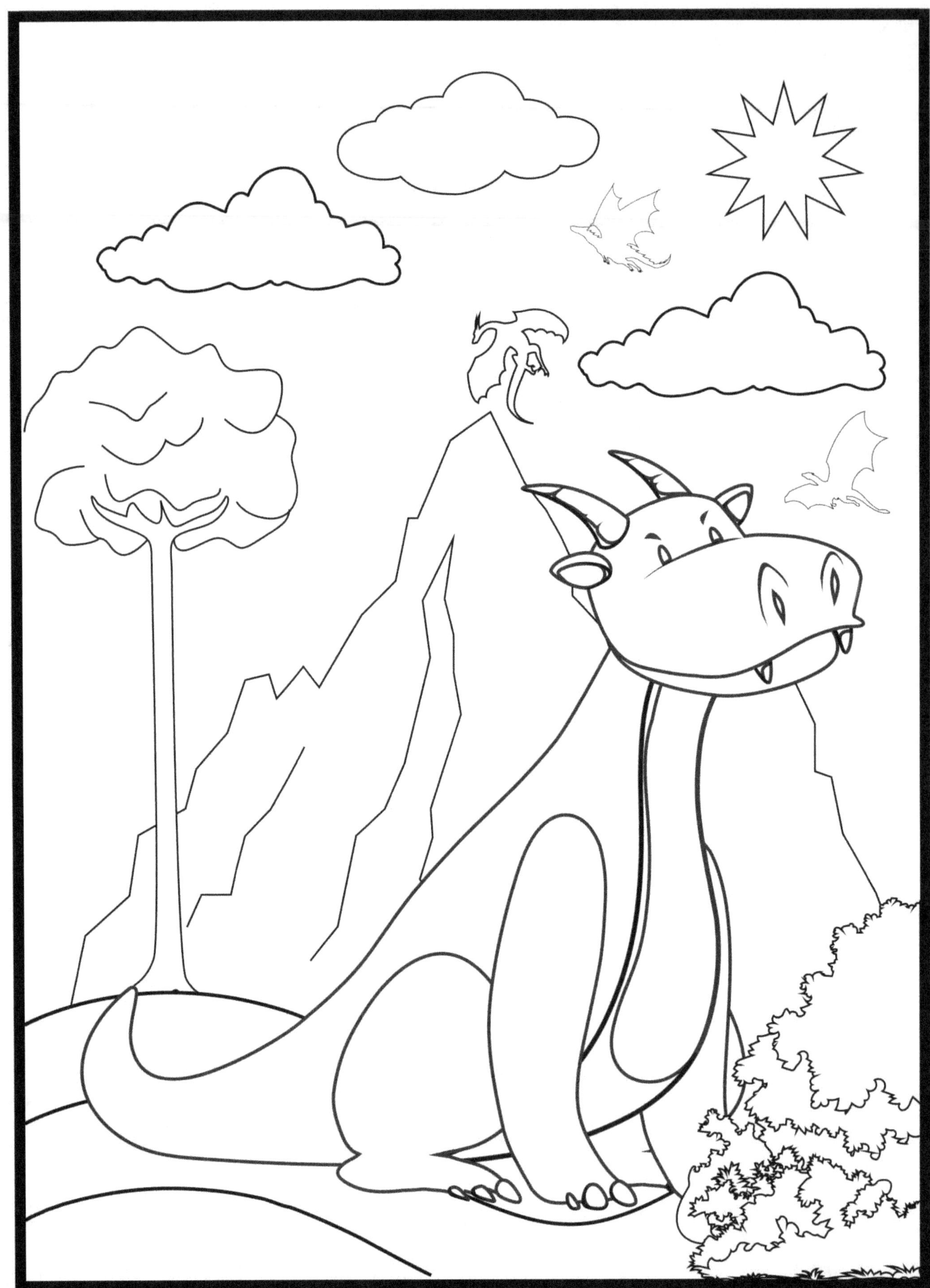

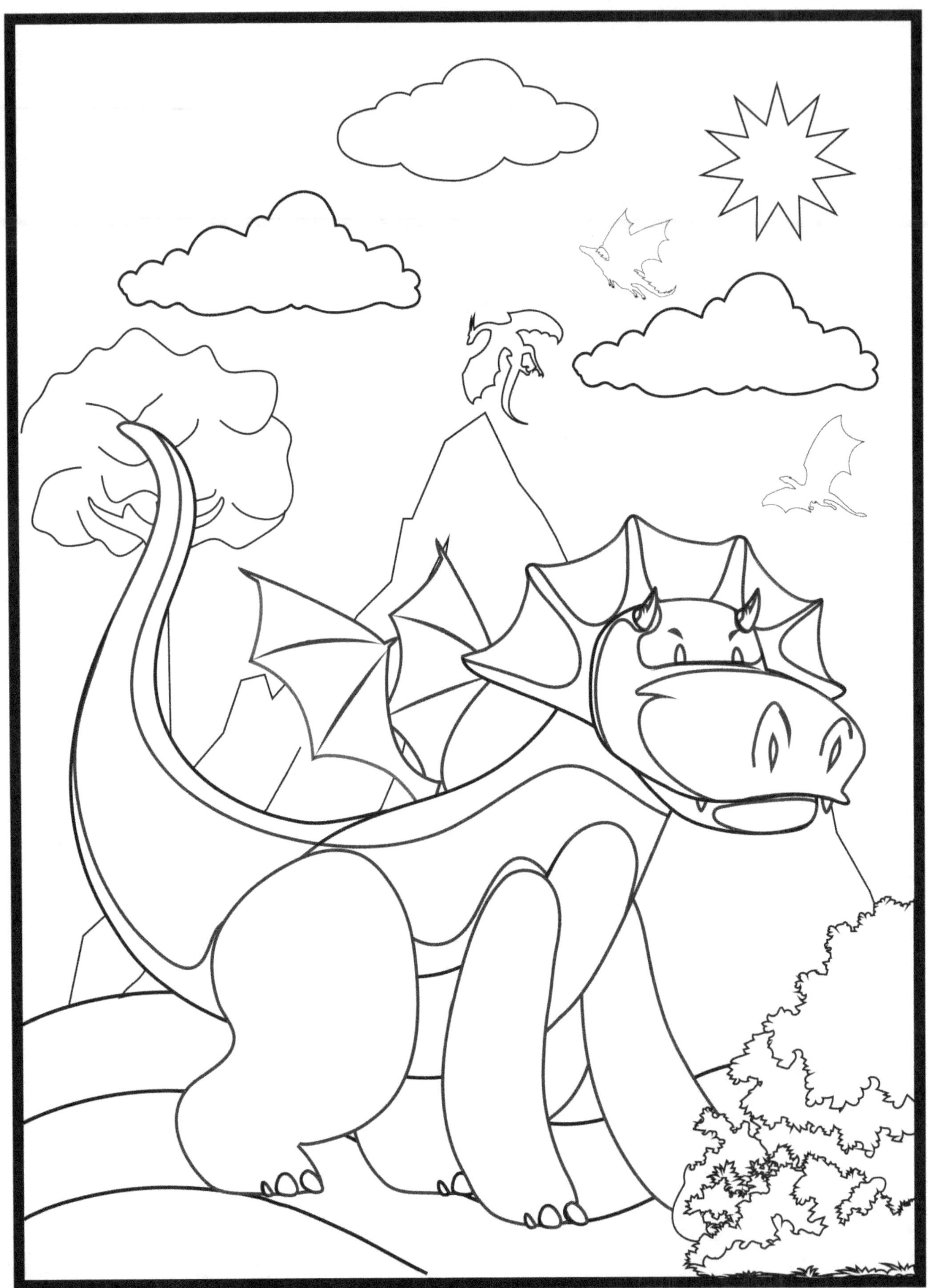

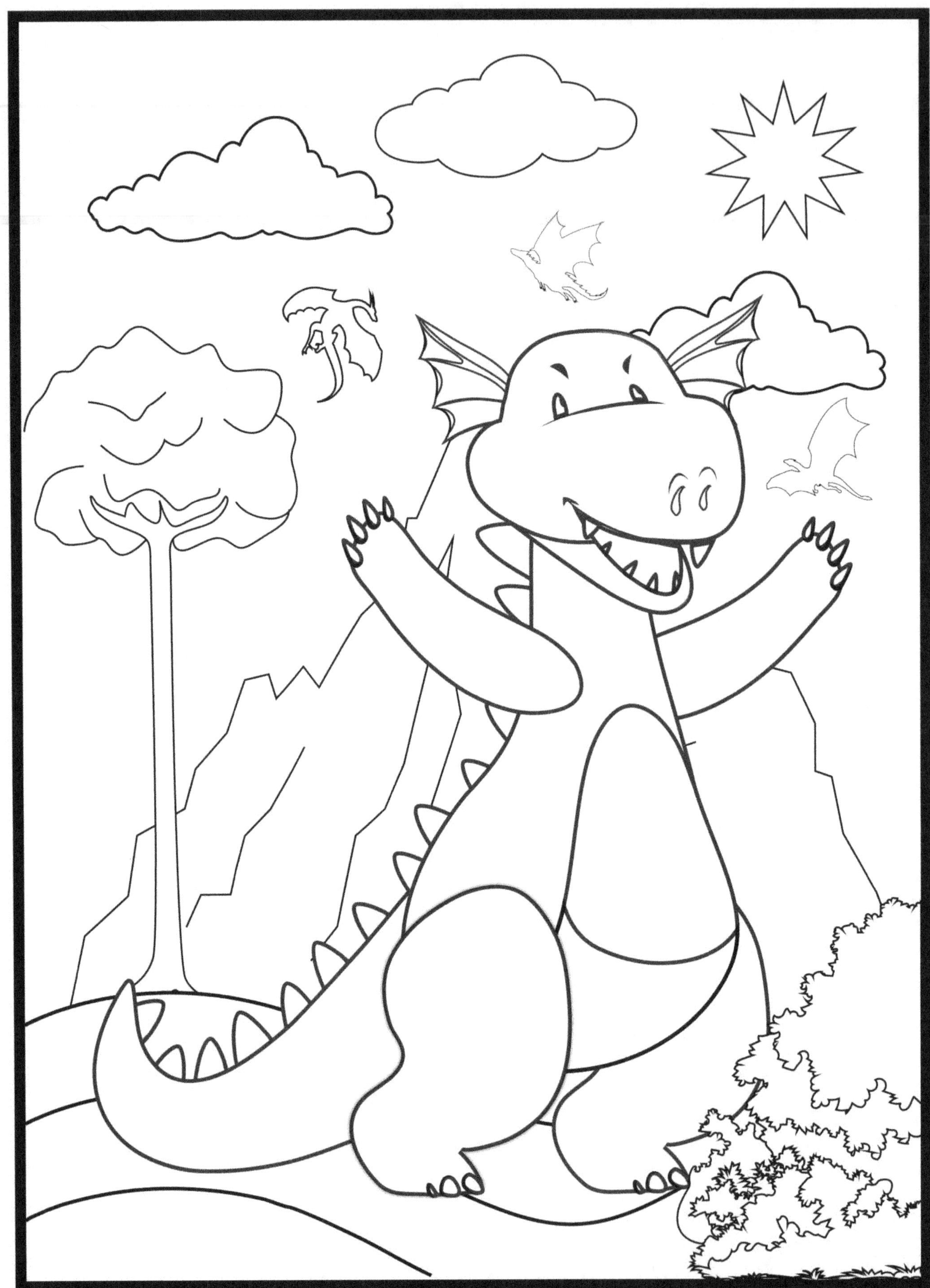